W9-BZB-136

Hh

Maria Puchol

Abdo
EL ABECEDARIO
Kids

abdopublishing.com

Published by Abdo Kids, a division of ABDO, PO Box 398166, Minneapolis, Minnesota 55439.
Copyright © 2018 by Abdo Consulting Group, Inc. International copyrights reserved in all countries.
No part of this book may be reproduced in any form without written permission from the publisher.

Printed in the United States of America, North Mankato, Minnesota.

102017
012018

THIS BOOK CONTAINS
RECYCLED MATERIALS

Photo Credits: iStock, Shutterstock

Production Contributors: Teddy Borth, Jennie Forsberg, Grace Hansen

Design Contributors: Christina Doffing, Candice Keimig, Dorothy Toth

Publisher's Cataloging in Publication Data

Names: Puchol, Maria, author.

Title: Hh / by Maria Puchol.

Description: Minneapolis, Minnesota : Abdo Kids, 2018. | Series: El abecedario |
      Includes online resource and index.

Identifiers: LCCN 2017941875 | ISBN 9781532103070 (lib.bdg.) | ISBN 9781532103674 (ebook)

Subjects: LCSH: Alphabet--Juvenile literature. | Spanish language materials--Juvenile literature. |
      Language arts--Juvenile literature.

Classification: DDC 461.1--dc23

LC record available at https://lccn.loc.gov/2017941875

Contenido

La Hh

Hugo aprende a **h**acer hexágonos.

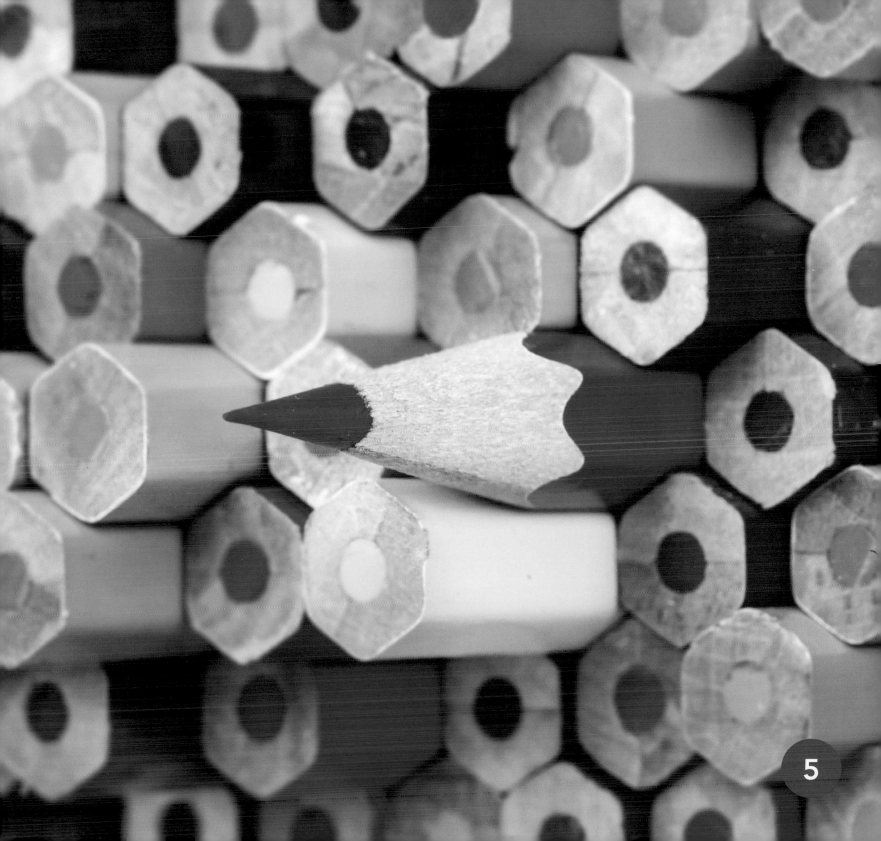

La Hh

En **H**olanda se **h**abla **h**olandés.

La Hh

Herminia está **h**ambrienta y por eso se come una **h**amburguesa a**h**ora.

La Hh

Hoy escuch**é** la **h**istoria de *La gallina de los huevos de oro.*

La Hh

Hay algunos **h**elados **h**echos de **h**ielo.

La Hh

Héctor y Heidi juegan a hockey sobre hierba.

La Hh

Mi **h**ermano **h**abla con **H**ilda.

La Hh

Horacio está **h**erido en el **h**ospital.

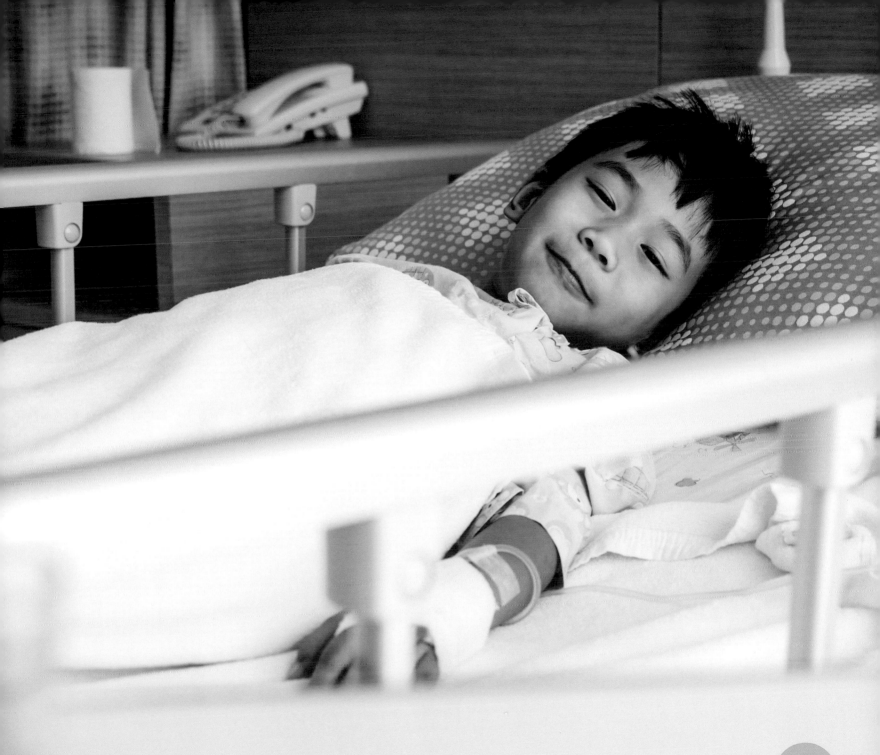

La Hh

¿Quién vive a**h**í debajo?

(las **h**ormigas)

20

Más palabras con **Hh**

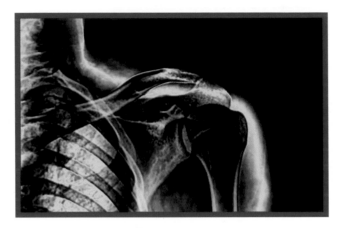

hueso

helicóptero

hiena

hora

Glosario

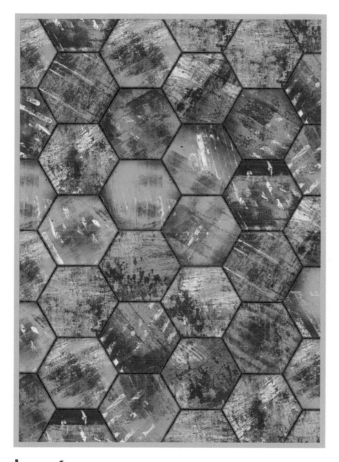

hexágono
forma geométrica con seis lados.

hielo
agua congelada por el frío.

Índice

abdokids.com

¡Usa este código para entrar en abdokids.com y tener acceso a juegos, arte, videos y mucho más!

Código Abdo Kids:
EAK2998